Leichte KÜCHE

eBook

Liebe Leserin, lieber Leser,

mit dem Kauf dieses Buches erhalten Sie zusätzlich das eBook „Vegetarisch".

Der Weg zum eBook ist einfach:

Scannen Sie diesen **QR-Code** mit Ihrem Smartphone oder Tablet,

oder geben Sie am PC oder Laptop folgenden Link in die Adresszeile Ihres Browsers ein:

www.naumann-goebel.com/get-your-ebook

Auf beiden Wegen gelangen Sie auf die Seite, auf der Sie Ihr persönliches Exemplar des eBooks anfordern können (hier finden Sie auch die Nutzungsbedingungen sowie die Datenschutzbestimmungen, denen Sie jeweils dort zustimmen müssen). Geben Sie Ihre eMail-Adresse ein sowie folgendes Passwort:

b8ec094j

Sie erhalten per Mail nun den Download-Link zu Ihrem eBook.

Wir wünschen viel Spaß beim Lesen, Kochen und Genießen!

Ihre NGV-Redaktion

Bildnachweis

Rezeptfotos:

S. 14, 29, 39, 59, 110 und 117: Studio Klaus Arras; alle übrigen Fotos: TLC Fotostudio

Illustrationen:

Herzchen: © marta17 – Fotolia.com

Paprika (S. 68, 96, 104, 111), Stieltopf (S. 40, 58), Kochmütze (S. 66, 98), Messer und Gabel (S. 22, 101), Sektflöten (S. 38, 108), Pilz (S. 30, 42), Küchenhandschuh (S. 16, 48, 82), Sektgläser (S. 74), Apfel (S. 118), Schüssel (S. 50): © rgb – Fotolia.com

Schneebesen (S. 123), Teigschaber (S. 127), Küchenhandschuh mit Muster (S. 8, 77, 114), Kochschürze (S. 3, 15, 63, 124), Törtchen (S. 5, 120) © ivaleksa – Fotolia.com

Suppenkelle (S. 4, 27, 32), Pfannenwender (S. 18, 47, 71), Suppentopf (S. 12, 34, 88): © nikolae – Fotolia.com

Leichte KÜCHE

Inhalt

Kleine Gerichte & Vorspeisen

Für 4 Portionen
8 dünne Kalbsschnitzel
1 El Kapern
2 Tl Sardellenpaste
50 g Parmaschinken in Scheiben
8 Salbeiblätter
4 El weiche Knoblauchbutter
Salz
Pfeffer
Öl für den Grillrost

Zubereitungszeit: ca. 20 Minuten
Pro Portion ca. 244 kcal/1022 kJ
30 g E, 13 g F, 1 g KH

Gegrillte Kalbsröllchen

1. Die Kalbsschnitzel waschen und trocken tupfen. Auf einer Arbeitsfläche dünn klopfen. Die Kapern abtropfen lassen und hacken. Anschließend mit der Sardellenpaste verrühren.
2. Die Kalbsschnitzel auslegen und mit Kapern-Sardellen-Creme einstreichen. Darauf eine Scheibe Parmaschinken und 1 Salbeiblatt legen. Die Schnitzel zusammenrollen und mit Holzspießen feststecken.
3. Den Grill einölen und die Kalbsröllchen darauflegen. Mit etwas Knoblauchbutter bestreichen und etwa 15 Minuten grillen. Dabei mehrmals wenden und öfter mit Knoblauchbutter bestreichen. Nach dem Grillen mit Salz und Pfeffer würzen. Kalbsröllchen mit einem frischen Salat servieren.

Für 20 Stück

Für den Teig:

1 kg mehligkochende Kartoffeln
2 Eier
1 Tl Salz
200 g Mehl

Für die Füllung:

400 g Zwiebeln
3 Stiele Petersilie
2 Zweige Majoran
60 g Butterschmalz
Salz
Pfeffer
100 g gehackte Walnüsse
250 ml Sahne
3 Eier
2 El Schmand

Zubereitungszeit: ca. 40 Minuten (plus ca. 1 Stunde 15 Minuten Backzeit)
Pro Stück ca. 78 kcal/327 kJ
3 g E, 6 g F, 8 g KH

Kartoffelschnecken

1. Den Backofen auf 180–200 °C (Umluft 160–180 °C) vorheizen. Die Kartoffeln waschen, bürsten und auf einem Backblech im Ofen ca. 1 Stunde backen. Die Kartoffeln aus dem Ofen nehmen, halbieren und mit einem Löffel aushöhlen. Das Kartoffelinnere durch eine Kartoffelpresse drücken. In die erkaltete Kartoffelmasse Eier, Salz und Mehl geben und alles mit den Händen zu einem glatten Teig verkneten. Diesen ca. 15 Minuten ruhen lassen.
2. Für die Füllung Zwiebeln schälen und fein hacken. Die Kräuter waschen, trocken tupfen, Blättchen abzupfen und fein hacken. 20 g Butterschmalz erhitzen, die Zwiebeln und die gehackten Kräuter 5 Minuten bei geringer Hitze anschwitzen. Salzen, pfeffern und anschließend abkühlen lassen.
3. Den Teig auf einer bemehlten Arbeitsfläche zu einer 5 mm dicken, ca. 80 x 30 cm großen Platte ausrollen. Die Zwiebel-Kräuter-Masse darauf verstreichen. Die Walnüsse darüber streuen. Die Teigplatte vorsichtig aufrollen und in 2 cm dicke Scheiben schneiden. Die Teigscheiben in einer heißen Pfanne im restlichen Butterschmalz vorsichtig auf jeder Seite ca. 2 Minuten braten.
4. Die Sahne mit den Eiern und dem Schmand verquirlen, mit Salz und Pfeffer würzen. Die Kartoffelschnecken in feuerfeste Förmchen geben und mit dem Sahneguss begießen. Die Förmchen im vorgeheizten Ofen bei 180 °C (Umluft 160 °C) ca. 15 Minuten backen.

Für 4 Portionen
8 mittelgroße Tomaten
1 Zwiebel
2 Knoblauchzehen
4 El Olivenöl
75 g schwarze Oliven
1 El Kapern
1 El gehackte Sonnenblumenkerne
1 Bund Basilikum
Salz
Pfeffer
4 El Paniermehl
30 g Parmesan
Fett für die Form

Zubereitungszeit: ca. 20 Minuten
Pro Portion ca. 202 kcal/846 kJ
5 g E, 16 g F, 9 g KH

Gefüllte Tomaten

1. Von den Tomaten den Deckel abschneiden, mit einem Löffel entkernen, das herausgelöste Fruchtfleisch und die Deckel fein würfeln. Die Zwiebel und Knoblauchzehen hacken und in 1 El erhitztem Olivenöl andünsten. Tomatenfruchtfleisch, entsteinte und gehackte Oliven, abgetropfte Kapern, Sonnenblumenkerne und das gehackte Basilikum zugeben und etwa 5 Minuten schmoren. Salzen und pfeffern.
2. Das Paniermehl in 1 El Öl rösten, 1 El geriebenen Parmesan unterrühren. Die Hälfte dieser Mischung unter das Gemüse rühren und in die ausgehöhlten Tomaten füllen.
3. Die Tomaten in eine gefettete Auflaufform setzen, mit der restlichen Paniermehl-Mischung und dem restlichen Käse bestreuen und mit 2 El Olivenöl beträufeln. Im vorgeheizten Ofen bei 200 °C (Umluft 180 °C) etwa 25 Minuten backen.

Für 4 Portionen
100 g Magerquark
Salz
Pfeffer
2 El frisch geriebener Meerrettich
etwas Milch oder Sahne
1 Bund Dill
1 Salatgurke
einige Blätter Eichblattsalat
8 Scheiben geräucherter Lachs
4 El Kaviar
Limettenscheiben zum Garnieren

Zubereitungszeit: ca. 20 Minuten
Pro Portion ca. 157 kcal/657 kJ
20 g E, 7 g F, 4 g KH

Gefüllte Lachsröllchen

1. Quark mit Salz und Pfeffer würzen und mit dem Meerrettich und etwas Milch oder Sahne zu einer gleichmäßigen Creme rühren. Den Dill waschen, trocken schütteln und bis auf ein paar Zweige zum Garnieren fein hacken. Gehackten Dill unterrühren.
2. Die Gurke schälen. Ein Drittel davon in dünne Streifen schneiden, restliche Gurke schräg in Scheiben schneiden. Eichblattsalat waschen, trocken schleudern und in längliche Streifen schneiden.
3. Die Lachsscheiben halbieren und mit Meerrettichquark bestreichen. Eichblattstreifen und Gurkenstreifen darauf verteilen und aufrollen. Röllchen auf den Gurkenscheiben anrichten. Forellenkaviar darauf verteilen. Nach Belieben mit Limettenscheiben und Dill garniert servieren.

Für 6 Portionen
250 g grüner Spargel
250 ml Gemüsebrühe
100 g geräucherter Lachs
2 El Paniermehl
25 g Butter
3 El Mehl
50 g frisch geriebener Gouda
Salz
weißer Pfeffer
1 Messerspitze Muskat
3 Eier
3 El Sahne
Fett für die Förmchen

Zubereitungszeit: ca. 30 Minuten
(plus ca. 30 Minuten Backzeit)
Pro Portion ca. 200 kcal/837 kJ
10 g E, 14 g F, 5 g KH

Lachs-Spargel-Soufflé

1. Den Spargel waschen, unteres Drittel schälen, hartes Ende abschneiden und den Rest in mundgerechte Stücke schneiden. Den Spargel in der Gemüsebrühe etwa 5 Minuten garen, dann herausnehmen und die Gemüsebrühe beiseitestellen.
2. Den geräucherten Lachs in feine Streifen schneiden. Den Backofen auf 180 °C (Umluft 160 °C) vorheizen und die Soufflèförmchen mit etwas Butter einfetten und mit Paniermehl bestreuen.
3. In einem kleinen Topf die Butter erhitzen, das Mehl anschwitzen und unter Rühren etwa 200 ml Gemüsebrühe dazugießen. Die Sauce so lange köcheln lassen, bis sie andickt und cremig wird. Den Käse darin schmelzen lassen, dann den Topf vom Herd nehmen. Mit Salz, Pfeffer und Muskat abschmecken.
4. Die Eier trennen. Eigelb nacheinander mit der Sahne in die nicht mehr kochende Creme rühren. Eiweiß mit einer Prise Salz steif schlagen und unter die Masse heben.
5. Spargelstücke und Lachsstreifen mit der Soufflémasse mischen und alles auf die 6 Förmchen verteilen. Auf mittlerer Schiene etwa 30 Minuten backen, bis die Soufflés aufgegangen sind.

Für 4 Portionen
4 Hähnchenbrustfilets
(à 150 g, ohne
Haut und Knochen)
2 Stängel Zitronengras
200 ml ungesüßte Kokosmilch
Salz
1 ½ El Sambal Oelek
½ Tl gemahlener Ingwer
2 Knoblauchzehen
125 g Erdnusscreme
1 El rote Currypaste
2 El Reisessig
4 El Kokosöl

Zubereitungszeit: ca. 40 Minuten
(plus ca. 1 Stunde Marinierzeit)
Pro Portion ca. 155 kcal/649 kJ
15 g E, 10 g F, 2 g KH

Hähnchen-Saté

1. Die Hähnchenbrustfilets der Länge nach in sehr dünne Scheiben schneiden (ca. 3–5 mm) und in einer leichten Wellenform auf 12 Holzspieße stecken.
2. Das Zitronengras in feine Scheiben schneiden und mit 80 ml Kokosmilch, einer Prise Salz, 1 El Sambal Oelek und Ingwer verrühren und über die Hähnchenspieße geben. Das Ganze mindestens 1 Stunde zugedeckt marinieren.
3. Die Knoblauchzehen schälen, klein hacken und zusammen mit der Erdnusscreme, der restlichen Kokosmilch und der Currypaste verrühren. Mit dem restlichen Sambal Oelek, Reisessig und Salz abschmecken.
4. Die Spieße aus der Marinade nehmen, abtropfen lassen und ggf. trocken tupfen. Das Kokosöl im Wok erhitzen, die Spieße darin goldbraun braten und mit der Kokos-Erdnuss-Sauce servieren.

Für 4 Portionen
800 g Kartoffeln
4 El Öl
1Tl Paprikapulver
Salz
3 Strauchtomaten
1 kleine Zwiebel
1 rote Chilischote
6–8 Stängel Koriandergrün
2 Avocados
schwarzer Pfeffer

Zubereitungszeit: ca. 20 Minuten
(plus ca. 40 Minuten Garzeit)
Pro Portion ca. 190 kcal/795 kJ
2 g E, 18 g F, 5 g KH

Kartoffelecken mit Dip

1. Die Kartoffeln waschen, trocknen und längs in Viertel schneiden. Mit Öl, Paprikapulver und 1 Tl Salz vermengen. Auf einem mit Backpapier ausgelegten Blech verteilen und im Backofen bei 200 °C (Umluft 180 °C) etwa 30 bis 40 Minuten garen.
2. Die Tomaten über Kreuz einritzen, kurz mit kochendem Wasser überbrühen, mit kaltem Wasser abschrecken, mit einem kleinen Küchenmesser häuten, vierteln, entkernen, von den Stielansätzen befreien und würfeln.
3. Die Zwiebel abziehen und sehr fein hacken. Die Chilischote waschen, trocken tupfen, längs halbieren, Kerne und Scheidewände sowie Stielansatz entfernen. Das Fruchtfleisch sehr fein würfeln. Den Koriander waschen und mit Küchenkrepp trocken tupfen. Die Blättchen von den Stielen zupfen und mit einem großen Küchenmesser fein hacken.
4. Die Avocados längs rundum einschneiden, bis das Messer auf den Stein stößt. Die Hälften gegeneinander drehen und trennen. Den Stein herauslösen und beiseitelegen. Das Fruchtfleisch mit einem Esslöffel aus den Schalen herauslösen und mit einer Gabel zerdrücken.
5. Tomaten, Zwiebel, Chilischote und Koriander unter das Avocadomus mischen. Salzen und pfeffern. Den Avocadokern wieder zum Avocadopüree geben, dann wird es bis zum Verzehr nicht braun. Guacamole zu den Kartoffelecken servieren.

Für 4 Portionen
1 Ei
130 g Thunfisch aus der Dose
200 g Tomaten
1 El Mayonnaise
50 g griechischer Joghurt
1 Tl Schale von 1 unbehandelten Zitrone
1 Spritzer Zitronensaft
1 El gehackter Dill
Salz
Pfeffer
Worcestersauce
100 g Rucola
ca. 300 g Roastbeef in Scheiben

Zubereitungszeit: ca. 20 Minuten
Pro Portion ca. 224 kcal/938 kJ
24 g E, 12 g F, 4 g KH

Roastbeef-Röllchen

1. Das Ei 10 Minuten kochen, abschrecken, pellen und hacken. Den Thunfisch in einem Sieb abtropfen lassen und grob zerzupfen.
2. Tomaten waschen, vierteln, entstielen, entkernen und fein würfeln. Ei, Thunfisch, Tomaten, Mayonnaise, Joghurt, Zitronenschale, Zitronensaft und Dill mischen. Mit Salz, Pfeffer und einigen Spritzern Worcestersauce abschmecken.
3. Rucola putzen, waschen und trocken schleudern. Roastbeefscheiben auf einer Arbeitsfläche ausbreiten. Jeweils etwas vom Thunfischsalat daraufgeben. Mit je 2–3 Rucolablättern belegen und aufrollen.

Suppen & Eintöpfe

Für 4 Portionen
2 Knoblauchzehen
1 Zwiebel
750 g kleine Zucchini
2–3 El Olivenöl
750 ml Hühnerbrühe
Salz
Pfeffer
200 g Räucherlachs in Scheiben
2 El fein geschnittene
Basilikumstreifen

Zubereitungszeit: ca. 15 Minuten
(plus ca. 25 Minuten Garzeit)
Pro Portion ca. 165 kcal/691 kJ
8 g E, 11 g F, 8 g KH

Zucchinicremesuppe

1. Knoblauch und Zwiebel schälen und fein hacken. Die Zucchini waschen, trocken tupfen, putzen und in Scheiben schneiden. Das Öl in einem Topf erhitzen und Knoblauch und Zwiebel bei mittlerer Temperatur unter Rühren ca. 5 Minuten darin andünsten.
2. Die Zucchinischeiben in den Topf geben und unter Rühren ca. 3 Minuten mitdünsten. Mit der Brühe ablöschen und mit Salz und Pfeffer würzen. Aufkochen und zugedeckt ca. 15 Minuten sanft köcheln lassen.
3. Die Suppe mit dem Mixer fein pürieren. Räucherlachs in dünne Streifen schneiden. Zucchinisuppe mit Salz und Pfeffer abschmecken und auf Tellern verteilen. Die Lachsstreifen darauf anrichten und alles mit Basilikum bestreut servieren.

Für 4 Portionen
1 mehligkochende Kartoffel
400 g Hokkaido-Kürbis
200 g Möhren
3 Schalotten
2 Knoblauchzehen
2 El Olivenöl
2–3 El Pastis
600 ml Brühe
2 Zweige Thymian
1 Zweig Oregano
1 Zweig Rosmarin
1 Zweig Estragon
Salz
Pfeffer
ca. 2 El Zitronensaft
etwas abgeriebene Schale von 1 unbehandelten Zitrone
150 g Crème fraîche

Zubereitungszeit: ca. 20 Minuten
(plus ca. 15 Minuten Garzeit)
Pro Portion ca. 250 kcal/1047 kJ
4 g E, 19 g F, 15 g KH

Möhren-Kürbis-Suppe

1. Kartoffel schälen und waschen. Kürbis waschen, halbieren und die Kerne herauslöffeln. Möhren waschen und schälen. Die Schalotten und den Knoblauch abziehen. Alle Zutaten klein würfeln.
2. Öl in einem großen Topf erhitzen, Schalotten und Knoblauch darin kurz andünsten. Kartoffel, Möhren und Kürbis zugeben. Mit Schnaps ablöschen und mit Brühe auffüllen.
3. Kräuterzweige waschen und trocken schütteln, einen Zweig Thymian für die Dekoration beiseitelegen, die restlichen Kräuter dazugeben. Alles ca. 15 Minuten bei kleiner Hitze köcheln lassen.
4. Kräuterzweige entfernen, die Suppe pürieren und mit Salz, Pfeffer, Zitronensaft und -schale abschmecken. 100 g Crème fraîche einrühren. Die Suppe in Schälchen verteilen, jeweils mit einem Klecks Crème fraîche garnieren und mit Thymian bestreuen.

Für 4 Portionen
500 g gemischte Waldpilze
1 große rohe Kartoffel
1 Zwiebel
1 ½ El Olivenöl
200 ml trockener Weißwein
400 ml Brühe
1 Tl getrockneter Thymian
1 Tl Speisestärke
100 ml Sahne
1 Tl Butter
Salz
Pfeffer
Petersilie zum Bestreuen

Zubereitungszeit: ca. 30 Minuten
(plus ca. 25 Minuten Garzeit)
Pro Portion ca. 189 kcal/791 kJ
5 g E, 11 g F, 12 g KH

Waldpilzsuppe

1. Die Pilze putzen, waschen und trocken tupfen. Die Pilze in Stücke oder Scheiben schneiden, 150 g Pilzscheiben beiseitestellen. Die Kartoffel schälen, die Zwiebel schälen und klein würfeln.
2. 1 El Öl in einem Topf erhitzen und die Zwiebel darin glasig schmoren, die Kartoffel hinzufügen und unter Rühren 1 bis 2 Minuten anschmoren. Die Pilze zugeben und weitere 2 Minuten mitbraten. Den Wein angießen und etwas einkochen lassen.
3. Die Brühe sowie den Thymian zugeben und alles aufkochen. Mit Salz und Pfeffer würzen. Anschließend die Suppe bei geringer Temperatur etwa 25 Minuten garen, dann pürieren. Die Speisestärke in der Sahne glatt rühren, in die Suppe rühren und abschmecken.
4. Das restliche Olivenöl mit der Butter in einer Pfanne erhitzen und die beiseitegestellten Pilze darin anbraten, salzen und pfeffern. Die Suppe mit dem Stabmixer schön schaumig aufschlagen. Die gebratenen Pilze hineingeben und mit Petersilie bestreut servieren.

Für 4 Portionen
500 g Putenfleisch
(ohne Haut und Knochen)
1 Bund Suppengrün
250 grüner Spargel
250 g Tomaten
1 kleine Kartoffel nach Belieben
1 Bund Basilikum
3 El Olivenöl
Salz
Pfeffer
1 Tl gemahlener Kurkuma
600 ml Gemüsebrühe
1 Dose große weiße Bohnen
(Abtropfgewicht 450 g)
2 El gehackte Kräuter der
Provence
50 g geriebener Pecorino

Zubereitungszeit: ca. 20 Minuten
(plus ca. 45 Minuten Garzeit)
Pro Portion ca. 325 kcal/1361 kJ
41 g E, 8 g F, 24 g KH

Puten-Gemüse-Topf

1. Das Putenfleisch unter fließend kaltem Wasser abspülen, trocken tupfen und in kleine Stücke schneiden. Das Suppengrün putzen und waschen: Möhre und Sellerie schälen, fein würfeln, den Lauch in Scheiben schneiden. Den Spargel im unteren Ende schälen und die holzigen Enden ganz abschneiden. Spargel in ca. 3 cm lange Stücke schneiden. Die Tomaten 30 Sekunden in kochendes Wasser legen, kalt abschrecken und häuten. Die Stielansätze herausschneiden und die Tomaten klein schneiden. Kartoffel schälen. Basilikum abspülen und trocken schütteln.
2. Das Öl in einem Topf erhitzen. Die Putenstücke 5 Minuten von allen Seiten darin anbraten und mit Salz, Pfeffer und Kurkuma bestreuen. Suppengrün zugeben und 3–4 Minuten mit andünsten. Mit der Brühe ablöschen, aufkochen und die Zutaten ca. 30 Minuten sanft köcheln lassen.
3. Weiße Bohnen, Spargel und Tomatenstücke mit Saft zugeben und Kräuter der Provence unterrühren. Nochmals mit Salz und Pfeffer abschmecken, aufkochen und weitere 10 Minuten sanft köcheln. Nach Belieben die Kartoffel reiben und den Eintopf damit andicken. Den Eintopf anrichten und mit den Basilikumzweigen garnieren.

Für 4 Portionen
400 g vollreife Tomaten
1 Zwiebel
1 Knoblauchzehe
½ Salatgurke
je 1 rote und grüne Paprikaschote
2 Scheiben Weißbrot
4 El Olivenöl
2 El Sherryessig
Salz
schwarzer Pfeffer

Zubereitungszeit: ca. 20 Minuten
(plus ca. 1 Stunde Kühlzeit)
Pro Portion ca. 170 kcal/712 kJ
4 g E, 11 g F, 14 g KH

Gazpacho

1. Die Tomaten über Kreuz einritzen, kurz überbrühen, abschrecken und häuten. Dann vierteln, entkernen und von den Stielansätzen befreien. Das Fruchtfleisch in Würfel schneiden.
2. Die Zwiebel und den Knoblauch abziehen. Die Gurke waschen, schälen und längs halbieren. Gurke in 6 cm dicke Stücke schneiden. Die Paprika waschen, halbieren, Stielansätze herausschneiden, Trennwände und Kerne herauslösen und das Fruchtfleisch in mundgerechte Stücke schneiden.
3. Eine Spalte Zwiebel und ¼ Paprikaschote sowie ein klein wenig Gurke in feine Würfel schneiden. Das Gemüse getrennt in Schälchen beiseitestellen.
4. Das restliche Gemüse mit den Zwiebeln und dem Knoblauch sowie dem Weißbrot im Mixer fein pürieren. Das Olivenöl und den Essig unter das pürierte Gemüse rühren. Mit Salz und Pfeffer pikant abschmecken.
5. Die Suppe im Kühlschrank mindestens 1 Stunde zugedeckt durchziehen lassen. Die Gazpacho in Teller geben und das fein gewürfelte Gemüse dazu reichen.

Für 4 Portionen
2 Beinscheiben vom Rind
1 Lorbeerblatt
Salz
1 Zwiebel
2 Möhren
200 g Sellerie
500 g grüne Stangenbohnen
400 g Kartoffeln
1 Tl Bohnenkraut
schwarzer Pfeffer

Zubereitungszeit: ca. 20 Minuten (plus ca. 1 Stunde 30 Minuten Garzeit)
Pro Portion ca. 220 kcal/921 kJ
22 g E, 4 g F, 22 g KH

Rindfleisch-Bohnen-Topf

1. Die Beinscheiben unter fließend kaltem Wasser abbrausen und mit 1 ½ l kaltem Wasser in einem Topf zum Kochen bringen. Das Lorbeerblatt und 1 Tl Salz hinzufügen. Die Zwiebel abziehen, achteln und zum Fleisch geben. Das Ganze 1 Stunde auf kleinster Stufe köcheln lassen. Entstehenden Eiweißschaum mit einer Schaumkelle abschöpfen.
2. Inzwischen die Möhren waschen, Wurzel- und Blattansatz wegschneiden und mit einem Sparschäler schälen. Die Möhren zuerst längs in Streifen und dann in ½ cm große Würfel schneiden. Den Sellerie waschen, schälen und ebenfalls würfeln. Die Bohnen waschen und den Stielansatz und die Spitze entfernen und in mundgerechte Stücke schneiden. Die Kartoffeln gründlich waschen, schälen und ebenfalls in mundgerechte Stücke schneiden.
3. Nach 1 Stunde Kartoffeln, Möhren und Sellerie hinzufügen und nach weiteren 15 Minuten die Bohnen und das Bohnenkraut hinzufügen und alles mit dem Fleisch gar kochen. Nach 1 ½ Stunden das Fleisch aus der Brühe nehmen, etwas abkühlen lassen, von den Knochen lösen und in Würfel schneiden. Die Fleischwürfel zurück zum Eintopf geben. Das Ganze mit Salz und Pfeffer abschmecken.

Für 4 Portionen
1 Glas gekochte Rote Bete
(Abtropfgewicht 430 g)
1 weiße Zwiebel
2 El Butter
1 El Waldhonig
500 ml Gemüsebrühe
Salz
Pfeffer
gemahlener Kümmel
100 g saure Sahne
1 Tl geriebener Meerrettich
1 säuerlicher Apfel, z. B. Boskop

Zubereitungszeit: ca. 20 Minuten
Pro Portion ca. 147 kcal/615 kJ
3 g E, 8 g F, 14 g KH

Rote-Bete-Suppe

1. Die Rote Bete in ein Sieb geben, den Saft dabei auffangen, Rote Bete in Scheiben schneiden. Die Zwiebel schälen, fein hacken und in einem Topf mit der Hälfte der Butter glasig dünsten. Rote Bete mit dem Honig dazugeben, alles ca. 3 Minuten mitdünsten, dann mit Rote-Bete-Saft und Gemüsebrühe ablöschen und bei kleiner Hitze 30 Minuten köcheln lassen. Suppe pürieren, mit Salz, Pfeffer und gemahlenem Kümmel abschmecken und warm halten.
2. Die saure Sahne mit dem Meerrettich glatt rühren. Den Apfel schälen, Kerngehäuse entfernen und Fruchtfleisch würfeln. In der restlichen Butter dünsten. Die Suppe auf Teller verteilen und jeden Teller mit einem Klecks saurer Sahne und gedünsteten Apfelwürfeln servieren.

Für 4 Portionen
150 g Zwiebeln
600 g mehligkochende Kartoffeln
30 g Butter
100 ml Weißwein
200 ml Milch
750 ml Gemüsebrühe
Salz
Pfeffer
1 El Kräuter der Provence
125 ml Sahne
2 hart gekochte Eier
150 g Krabbenfleisch

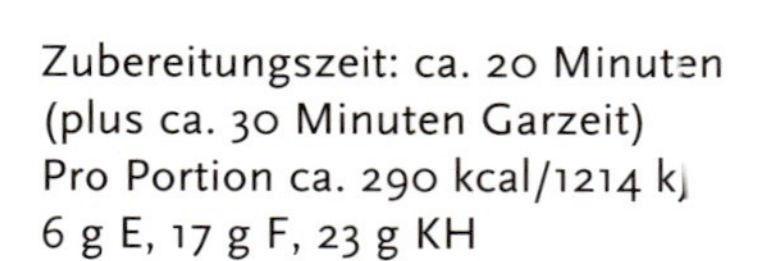

Zubereitungszeit: ca. 20 Minuten
(plus ca. 30 Minuten Garzeit)
Pro Portion ca. 290 kcal/1214 kJ
6 g E, 17 g F, 23 g KH

Kartoffelschaumsuppe

1. Zwiebeln schälen und fein würfeln, Kartoffeln waschen, schälen und ebenfalls würfeln. Butter in einem Topf bei mittlerer Temperatur zerlassen und Zwiebeln und Kartoffeln darin 5 Minuten unter Rühren andünsten. Mit Weißwein, Milch und Brühe ablöschen und mit Salz und Pfeffer würzen. Das Ganze aufkochen und zugedeckt ca. 25 Minuten sanft köcheln.

2. Kräuter der Provence unterrühren und die Sahne steif schlagen. Die meisten Kartoffeln mit einem Kartoffelstampfer leicht zerdrücken, bis die Suppe eine sämige Konsistenz hat. Sahne unter die Suppe rühren und noch einmal abschmecken. Eier pellen und fein würfeln. Suppe anrichten und mit Krabben und Eiern bestreuen.

Für 4 Portionen
100 g Glasnudeln
125 g Mungobohnensprossen
2 Zwiebeln
1 Knoblauchzehe
½ Bund Koriander
1 frische Chilischote
500 g Shiitakepilze
400 g Tofu
2 El Rapsöl
1 ½ l Gemüsebrühe
2 El Sojasauce

Zubereitungszeit: ca. 15 Minuten
(plus ca. 10 Minuten Garzeit)
Pro Portion ca. 240 kcal/1005 kJ
16 g E, 11 g F, 23 g KH

Asia-Nudelsuppe

1. Die Glasnudeln mit kochendem Wasser übergießen und ca. 2 Minuten ziehen lassen, dann das Wasser abgießen und die Glasnudeln mit einer Küchenschere klein schneiden.
2. Die Mungobohnensprossen verlesen, in einem Sieb abbrausen und abtropfen lassen. Zwiebeln und Knoblauch abziehen und fein hacken. Den Koriander waschen und trocken tupfen. Die Blättchen von den Stielen zupfen und fein hacken. Die Chilischote waschen, trocken tupfen, längs halbieren, Kerne und Scheidewände sowie Stielansatz entfernen. Das Fruchtfleisch sehr fein würfeln. Die Shiitakepilze sauber reiben und in Streifen schneiden. Den Tofu abtropfen lassen und grob würfeln.
3. Das Öl in einem Topf erhitzen, die Zwiebeln darin glasig dünsten. Pilze, Knoblauch sowie Chilischote hinzufügen und 2 Minuten darin dünsten. Dann die Mungobohnensprossen und den Tofu hinzufügen und 1 Minute dünsten. Danach die Brühe angießen, alles zum Kochen bringen und etwa 2 Minuten köcheln lassen. Die Glasnudeln darin erwärmen und das Ganze mit Sojasauce und Koriander abschmecken. Die Suppe auf 4 Teller verteilen, mit Koriander oder auch Chilischoten garnieren.

Salate

Für 4 Portionen

300 g Spaghetti
Salz
12 El Olivenöl
2 Zwiebeln
3 Knoblauchzehen
1 rote Chilischote
2 mittelgroße Zucchini
300 g Spinat
schwarzer Pfeffer
100 g in Öl eingelegte getrocknete Tomaten
20 g Pinienkerne
50 g Parmesan
1 Bund glatte Petersilie
½ Bund Basilikum
3 El Weißweinessig
6 El Tomatenketchup
2 El Tomatenmark

Zubereitungszeit: ca. 40 Minuten (plus ca. 1 Stunde Zeit zum Ziehen)
Pro Portion ca. 430 kcal/1800 kJ
19 g E, 12 g F, 59 g KH

Italienischer Nudelsalat

1. Die Spaghetti in ca. 5 cm lange Stücke brechen. Dann nach Packungsanleitung in Salzwasser etwa 10 Minuten al dente kochen. Die Zwiebeln und den Knoblauch abziehen und fein hacken. Die Chilischote waschen, längs halbieren, Stielansatz, Scheidewände und Kerne entfernen. Die Schote ganz fein hacken. Zucchini waschen, Stiel- und Blütenansätze abschneiden und in Scheiben schneiden.
2. Etwa 2 El Olivenöl in einer Pfanne erhitzen, Zwiebeln, Knoblauch und Chilischote darin andünsten, Zucchinischeiben hinzufügen und von beiden Seiten goldgelb braten. Mit Salz und Pfeffer würzen.
3. Spinat gründlich waschen, dicke Stiele und welke Blätter entfernen und in mundgerechte Stücke zupfen. Trocken schleudern. Die getrockneten Tomaten abtropfen lassen und in feine Würfel schneiden.
4. Für das Dressing Petersilie und Basilikum waschen, trocken tupfen, die Blättchen von den Stielen zupfen und fein hacken. Essig mit Salz, Pfeffer und Kräutern verrühren. Restliches Öl unter ständigem Rühren zugießen. Ketchup und Tomatenmark unterrühren. Alle Zutaten in eine große Salatschüssel geben. Das Dressing darüber verteilen und alles vermengen. Den Salat etwa 1 Stunde durchziehen lassen. Die Pinienkerne ohne Zugabe von Fett unter Rühren rösten, dann auf einen Teller geben und auskühlen lassen. Den Parmesan eventuell entrinden und in große Späne hobeln. Den Salat vor dem Servieren mit den Pinienkernen und den Parmesanspänen garnieren.

Für 4 Portionen
200 g Bulgur
1 Bund glatte Petersilie
4 Zweige frische Minze
½ Bund Frühlingszwiebeln
4 Tomaten
Saft von 2 Zitronen
4 El Olivenöl
Salz
Pfeffer

Zubereitungszeit: ca. 30 Minuten
Pro Portion ca. 230 kcal/963 kJ
5 g E, 5 g F, 38 g KH

Tabbouleh

1. In einem Topf 500 ml Wasser aufkochen, den Bulgur einrühren und etwa 10 Minuten köcheln. Dann weitere 20 Minuten quellen lassen.
2. Petersilie und Minze waschen, trocken schütteln und fein hacken. Frühlingszwiebeln putzen, waschen und fein hacken.
3. Die Tomaten kreuzweise einritzen, mit kochendem Wasser überbrühen, von Häuten, Stielansätzen und Kernen befreien und das Fruchtfleisch würfeln.
4. Bulgur mit einer Gabel auflockern. Mit Zwiebeln, Tomaten und den Kräutern in einer Schüssel mischen.
5. Zitronensaft und Öl verrühren und über den Salat geben. Mit Salz und Pfeffer abschmecken.

Für 4 Portionen
150 g altbackenes Weißbrot
125 ml Gemüsebrühe
1 Zwiebel
1 Knoblauchzehe
200 g Tomaten
200 g Salatgurke
1 Bund Basilikum
2 El weißer Aceto balsamico
4 El Olivenöl
Salz
Pfeffer
2 El frisch gehobelter Parmesan

Zubereitungszeit: ca. 20 Minuten
(plus ca. 15 Minuten Einweichzeit)
Pro Portion ca. 173 kcal/724 kJ
5 g E, 7 g F, 22 g KH

Panzanella

1. Das Brot würfeln, in der kalten Gemüsebrühe 15 Minuten einweichen. Zwiebel und Knoblauch schälen und fein hacken. Die Tomaten häuten, entkernen und würfeln. Die Gurke schälen und würfeln. Das Basilikum waschen, trocken schütteln und in Streifen schneiden, einige Blättchen für die Dekoration zurückbehalten.
2. Aus weißem Balsamico, Öl, Salz und Pfeffer ein Dressing bereiten. Das Brot aus der Brühe nehmen. Mit den übrigen Zutaten mischen, mit dem Dressing übergießen und mit Parmesan bestreuen.

Für 4 Portionen
400 g Putenbrustfilet
4 El Sojasauce
2 Tl Honig
¼ Kopf Friséesalat
¼ Kopf Eichblattsalat
¼ Kopf Lollo rosso
4 Tomaten
1 Salatgurke
3 El Sesamsamen
6 El Rapsöl
Saft von 1 Zitrone
1 El Senf
¼ Tl Zucker
Salz
schwarzer Pfeffer

Zubereitungszeit: ca. 30 Minuten
(plus ca. 30 Minuten Zeit zum
Ziehen und ca. 8 Minuten Garzeit)
Pro Portion ca. 330 kcal/1382 kJ
28 g E, 18 g F, 11 g KH

Putenbrust-Salat

1. Die Putenbrustfilets unter kaltem Wasser abspülen und trocken tupfen. Dann in 1 cm dicke Streifen schneiden und in eine Schale geben. Die Sojasauce mit dem Honig verrühren und über das Fleisch geben. Das Ganze 30 Minuten im Kühlschrank durchziehen lassen.
2. Inzwischen die Salate waschen. Dafür die Salatblätter aus den Köpfen lösen und in reichlich Wasser waschen. Die Salatblätter in mundgerechte Stücke zupfen und trocken schleudern. Die Tomaten waschen, halbieren, Stielansätze entfernen und achteln. Die Gurke waschen, schälen und längs halbieren. In ½ cm dicke Stücke schneiden. Alle Zutaten in einer großen Schüssel vermischen.
3. Die Sesamsamen auf einen Teller geben und das Hähnchenfleisch darin wälzen. 2 El Öl erhitzen, die Fleischstreifen dazugeben und unter Wenden etwa 8 Minuten braten.
4. Für das Dressing das restliche Rapsöl mit dem Zitronensaft und dem Senf verschlagen. Mit Zucker, Salz und Pfeffer würzen. Das Dressing unter den Salat mischen. Den Salat auf 4 Teller verteilen und die abgekühlten Putenbruststreifen darauf anrichten.

Für 4 Portionen
1 kg Weißkohl
Salz
2 Zwiebeln
50 g durchwachsener Speck
2 El Öl
1 El Zucker
1 Tl Kümmel
3 El Weißweinessig
schwarzer Pfeffer
2 El Schnittlauchröllchen

Zubereitungszeit: ca. 30 Minuten (plus ca. 3 Stunden Zeit zum Ziehen)
Pro Portion ca. 210 kcal/879 kJ
4 g E, 15 g F, 14 g KH

Weißkohlsalat

1. Die äußeren welken Blätter vom Weißkohl entfernen. Anschließend den Kopf vierteln und den Strunk herausschneiden. Die Kohlviertel in Streifen schneiden oder nicht zu fein hobeln. Reichlich Wasser zum Kochen bringen, kräftig salzen und die Kohlstreifen darin 3 Min. ziehen lassen. In ein Sieb abgießen und gut abtropfen lassen.
2. Die Zwiebeln schälen und fein hacken. Den Speck klein würfeln. In einer großen Pfanne das Öl erhitzen, die Speckwürfel darin knusprig braten. Die Zwiebeln dazugeben und leicht mit anschwitzen. Zucker und Kümmel darüberstreuen und leicht karamellisieren lassen.
3. Den Topf vom Herd nehmen, den Essig angießen und den Kohl untermischen. Mit Salz und Pfeffer würzig abschmecken. Den Weißkohlsalat mindestens 3 Stunden ziehen lassen und mit Schnittlauch bestreut servieren.

Für 4 Portionen
400 g grüner Spargel
Salz
100 g getrocknete Tomaten
1 El Weißweinessig
40 g Pinienkerne
60 g Brunnenkresse
60 g Chicoree
250 g weiße Bohnen
(aus der Dose)
1 Zitrone
1–2 El Pesto
3 El Olivenöl
Pfeffer

Zubereitungszeit: ca. 40 Minuten
(plus ca. 15 Minuten Garzeit und
ca. 15 Minuten Zeit zum Ziehen)
Pro Portion ca. 240 kcal/1005 kJ
11 g E, 15 g F, 14 g KH

Grüner-Spargel-Salat

1. Den grünen Spargel im unteren Drittel schälen und die Enden abschneiden. Anschließend in ausreichend Salzwasser 5 bis 10 Minuten bissfest garen und danach abgießen. Den Spargel in ca. 3 cm lange Stücke schneiden; einige Spitzen auf die Seite legen für die Dekoration.
2. Die getrockneten Tomaten in einem kleinen Topf mit kochendem Wasser, versetzt mit einem Schuss Weißweinessig, ca. 5 Minuten kochen, dann abgießen und in kleine Würfel schneiden. Die Pinienkerne ohne Zugabe von Fett unter Rühren rösten, dann auf einen Teller geben und auskühlen lassen.
3. Brunnenkresse und Chicoree waschen, trocken schleudern und in mundgerechte Stücke schneiden. Die Bohnen in einem Sieb unter kaltem Wasser abspülen und abtropfen lassen.
4. Die Zitrone auspressen. Den Saft mit Pesto und Olivenöl verrühren sowie mit Salz und Pfeffer abschmecken. Alle Zutaten in eine Schüssel geben, mit dem Dressing vermischen und 15 Minuten ziehen lassen. Dann den Salat auf 4 Tellern anrichten und mit den Spargelspitzen garnieren.

Für 4 Portionen
75 g Wildreismischung
½ mittelgroßer Apfel
½ grüne Paprikaschote
½ Staudensellerie
50 g getrocknete Aprikosen
2 El Sojasauce
2 Tl Zucker
2 Tl Obstessig
25 g geröstete ungesalzene Erdnüsse

Zubereitungszeit: ca. 20 Minuten
(plus ca. 15 Minuten Garzeit)
Pro Portion ca. 110 kcal/461 kJ
3 g E, 3 g F, 23 g KH

Wildreissalat

1. Den Reis nach Packungsanweisung kochen. Danach zum Abkühlen für etwa 10–12 Minuten auf einen großen Teller geben, gelegentlich umrühren.
2. Inzwischen Apfel, Paprika und Staudensellerie waschen, trocken tupfen, putzen und in feine Würfel schneiden. Die Aprikosen ebenfalls würfeln. Obst- und Gemüsewürfel in eine Schüssel füllen.
3. Für das Dressing Sojasauce, Zucker und Essig in einer Schüssel mit 2 El Wasser verrühren, bis sich der Zucker aufgelöst hat.
4. Reis und Dressing unter die Obst-Gemüse-Mischung geben und gut durchmischen. Zuletzt die Erdnüsse darüberstreuen.

Fleisch & Fisch

Für 4 Portionen
4 Schweinekoteletts mit Knochen
Salz
Pfeffer
2 El heißes Olivenöl
500 g gehäutete, gewürfelte Tomaten
1 gewürfelte Möhre
1 gewürfelte Staudensellerie
1 gehackte Zwiebel
1 Knoblauchzehe
1 Tl gehackter Thymian
½ Bund gehacktes Basilikum
4 El Rotwein

Zubereitungszeit: ca. 40 Minuten
Pro Portion ca. 313 kcal/1310 kJ
33 g E, 16 g F, 7 g KH

Koteletts mit Gemüse

1. Schweinekoteletts salzen und pfeffern, in 2 El heißem Olivenöl von beiden Seiten etwa 3 Minuten anbraten. Aus der Pfanne nehmen.
2. Aus 500 g gehäuteten und gewürfelten Tomaten, je 1 gewürfelten Möhre und Stange Staudensellerie, je 1 gehackten Zwiebel und Knoblauchzehe, Salz, Pfeffer, 1 Tl gehacktem Thymian und ½ Bund gehacktem Basilikum eine stückige Sauce kochen. Den Bratfond damit ablöschen, 4 El Rotwein zugeben und würzen. Koteletts darin 15 Minuten garen.

Für 4 Portionen
Für die Hähnchenbrust:
4 Hähnchenbrustfilets
150 g Naturjoghurt
Salz
Pfeffer
1 Tl Kurkuma
2 Knoblauchzehen
1 rote Chilischote

Außerdem:
150 g Mozzarella
1 Bund Basilikum
Pfeffer
4 Tl gehackter Rosmarin
8 Scheiben Parmaschinken

Zubereitungszeit: ca. 40 Minuten
(plus ca. 8 Stunden Marinierzeit
und ca. 25 Minuten Garzeit)
Pro Portion ca. 369 kcal/1545 kJ
54 g E, 13 g F, 3 g KH

Gefüllte Hähnchenbrust

1. Die Hähnchenbrustfilets waschen und trocken tupfen. Jeweils eine Tasche in die Filets schneiden. Für die Marinade Joghurt, Salz, Pfeffer und Kurkuma verrühren. Knoblauchzehen schälen und durch eine Presse dazudrücken. Chilischote halbieren, putzen, waschen, fein hacken und ebenfalls unterrühren.
2. Die Hähnchenbrüste in einen Gefrierbeutel geben. Die Marinade dazugeben und gut vermengen. Gefrierbeutel gut verschließen und das Fleisch über Nacht im Kühlschrank marinieren.
3. Die Filets in eine Grillschale legen und auf den heißen Grillrost legen. Von jeder Seite ca. 5 Minuten grillen. Dann vom Rost nehmen. Mozzarella abtropfen lassen und in Scheiben schneiden. Basilikum abspülen, trocken schütteln, die Blätter abzupfen und grob zerkleinern. In jede Tasche Mozzarella und Basilikum geben, mit Pfeffer und gehacktem Rosmarin bestreuen und in jeweils 2 Scheiben Schinken wickeln.
4. Die Hähnchen-Wraps zurück in die Grillschale legen und in etwa 15 Minuten fertig grillen. Dazu schmecken Rosmarinkartoffeln.

Für 4 Portionen
1 altbackenes Brötchen
1 Zwiebel
2 Knoblauchzehen
6 El Olivenöl
1 El gehackte rote Chili
1 Tl gemahlener Kreuzkümmel
1 El frisch gehackter Dill
500 g Lammhackfleisch
2 Eier
Salz
schwarzer Pfeffer
100 g Schafskäse
6 El Olivenöl
Fladenbrot

Zubereitungszeit: ca. 30 Minuten (plus ca. 15 Minuten Zeit zum Abkühlen und ca. 30 Minuten Backzeit)
Pro Portion ca. 265 kcal/1110 kJ
40 g E, 6 g F, 11 g KH

Hackfleischfladen

1. Brötchen in Wasser einweichen und gut ausdrücken. Zwiebel und Knoblauch abziehen und fein würfeln. 2 El Olivenöl in einer Pfanne erhitzen und Zwiebel und Knoblauch darin 3 Minuten dünsten. Chili, Kreuzkümmel und Dill unterrühren. Pfanne vom Herd ziehen und das Ganze abkühlen lassen.
2. Lammhack mit Eiern, der Zwiebelmischung und dem Brot vermengen. Mit Salz und Pfeffer abschmecken. Aus der Hackmasse 4 gleich große flache Fladen formen. Käse vierteln. Jeweils 1 Stück Käse auf die untere Seite des Fladens legen, restliche Hackmasse über dem Käse zusammenklappen und seitlich fest verschließen. Gefüllte Hackfladen bis zur weiteren Verwendung abgedeckt kalt stellen.
3. Restliches Olivenöl in einer Pfanne erhitzen und die Hackfladen darin bei mittlerer Hitze von beiden Seiten 3 Minuten braten. Fleischfladen herausnehmen und auf ein Backblech legen. Im vorgeheizten Backofen bei 180 °C (Umluft 160 °C) 15–20 Minuten backen. Das Blech herausnehmen und den Backofengrill anstellen. Fladenbrot in dreieckige Stücke schneiden, mit etwas Öl bepinseln und unter dem Backofengrill goldbraun grillen. Hackfladen und Brot auf eine Platte legen und servieren. Dazu schmeckt Salat.

Für 4 Portionen
4 Kalbsschnitzel
Pfeffer
Salz
8 getrocknete Aprikosen
4 Scheiben Frühstücksspeck
3 El Öl
1 rote Zwiebel
1 rote Paprikaschote
1 grüne Paprikaschote
1 gelbe Paprikaschote
200 ml Gemüsebrühe
1 El frisch gehackter Dill
1 El Honig

Zubereitungszeit: ca. 30 Minuten
(plus ca. 30 Minuten Backzeit)
Pro Portion ca. 277 kcal/1160 kJ
30 g E, 9 g F, 16 g KH

Kalbsrouladen mit Paprika

1. Die Schnitzel klopfen und mit Pfeffer und Salz würzen. Jeweils 2 Aprikosen mit 1 Scheibe Speck umwickeln und auf ein Schnitzel legen. Schnitzel zusammenrollen und mit einem Holzstäbchen verschließen.
2. Das Öl in einer Pfanne erhitzen und die Kalbsrouladen darin etwa 5 Minuten braten. Herausnehmen und in eine Auflaufform legen. Den Backofen auf 200 °C (Umluft 180 °C) vorheizen.
3. Die Zwiebel schälen und würfeln. Paprika putzen, entkernen, waschen und ebenfalls würfeln. Zwiebel und Paprika im Bratfett anschmoren. Gemüsebrühe angießen, Dill und Honig unterrühren. Aufkochen und abschmecken. Gemüsemischung um die Rouladen verteilen und im Ofen etwa 30 Minuten backen. Dazu passt Reis.

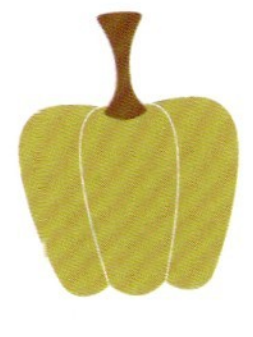

Für 4 Portionen
300 g Kartoffeln
2 Rosmarinzweige
Salz
Pfeffer
8 El Olivenöl
350 g Lammfilet
1 Tl gemahlener Salbei
4 Tomaten

Zubereitungszeit: ca. 30 Minuten
Pro Portion ca. 290 kcal/1214 kJ
27 g E, 13 g F, 13 g KH

Lamm mit Ofenkartoffeln

1. Die Kartoffeln schälen und in dünne Scheiben schneiden. Auf ein gefettetes Backblech legen. Die Rosmarinnadeln von den Zweigen zupfen und fein hacken. Die Kartoffeln mit Salz, Pfeffer und Rosmarin bestreuen, mit 4 El Olivenöl beträufeln und im vorgeheizten Ofen bei 200 °C (Umluft 180 °C) etwa 20 Minuten backen.
2. Das Lammfilet in 8 Scheiben schneiden. Das restliche Olivenöl in einer Pfanne erhitzen und die Fleischscheiben darin von beiden Seiten etwa 3 Minuten braten. Mit Salz, Pfeffer und Salbei würzen. Aus der Pfanne nehmen und warm stellen.
3. Die Tomaten halbieren und dabei die Stielansätze herausschneiden. Im Bratfett von beiden Seiten kurz anschmoren und würzen. Die Lammsteaks mit den geschmorten Tomaten und den Rosmarinkartoffeln servieren.

Für 4 Portionen
4 Putenschnitzel
Salz
Pfeffer
2 El Butterschmalz
250 ml trockener Weißwein
6 Aprikosen
30 g Pinienkerne
4 El Aprikosenlikör
1 Tl Speisestärke

Zubereitungszeit: ca. 15 Minuten
(plus ca. 25 Minuten Garzeit)
Pro Portion ca. 325 kcal/1361 kJ
38 g E, 10 g F, 10 g KH

Schnitzel mit Aprikosen

1. Putenschnitzel leicht klopfen und mit Salz und Pfeffer würzen. Das Butterschmalz in einer Pfanne erhitzen und die Putenschnitzel darin von beiden Seiten etwa 3 Minuten goldbraun braten. Wein angießen und aufkochen, dann die Schnitzel abgedeckt etwa 10 Minuten schmoren.
2. Aprikosen mit kochendem Wasser übergießen und die Haut abziehen. Halbieren und den Stein entfernen. Fruchtfleisch in Würfel schneiden. Pinienkerne in einer Pfanne ohne Fett rösten, bis sie duften.
3. Schnitzel aus der Pfanne nehmen, 3 El Aprikosenlikör in den Bratfond geben und etwas einkochen lassen. Speisestärke mit dem restlichen Likör verrühren und die Sauce unter Rühren damit binden.
4. Putenschnitzel und Aprikosenwürfel in die Sauce geben und erwärmen. Auf Tellern anrichten und mit Pinienkernen bestreuen. Dazu schmeckt Reis.

Für 4 Portionen
Für das Saltimbocca:
4 Kalbsschnitzel à 150 g
Salz
schwarzer Pfeffer
1 Bund Salbei
8 Scheiben hauchdünn geschnittener Parmaschinken
3 El Olivenöl

Für die Sauce:
125 ml Weißwein
100 g Crème fraîche
1 El Speisestärke
Salz
schwarzer Pfeffer
Zucker

Zubereitungszeit: ca. 15 Minuten
(plus ca. 15 Minuten Garzeit)
Pro Portion ca. 320 kcal/1340 kJ
28 g E, 15 g F, 2 g KH

Saltimbocca

1. Schnitzel waschen und gut trocken tupfen. Zwischen 2 Lagen Frischhaltefolie legen und zart klopfen. Halbieren. Salzen und pfeffern. Vom Salbei schöne mittelgroße Blätter abzupfen. Waschen und trocken tupfen. Jedes Schnitzel mit 1 Scheibe Schinken und 1–2 Salbeiblättern belegen. Die Salbeiblätter mit Zahnstochern auf dem Fleisch feststecken.
2. Das Öl erhitzen. Schnitzel 3–4 Minuten auf der Schinken-Seite braten. Wenden und 3–4 Minuten auf der anderen Seite braten. Fleisch auf eine vorgewärmte Platte legen und mit Alufolie bedeckt beiseitestellen.
3. Für die Sauce überschüssiges Fett aus der Pfanne abgießen. Den Bratensatz mit Weißwein loskochen und etwas einkochen lassen. Die Crème fraîche mit dem Schneebesen glatt rühren, die Stärke unterrühren. Stärkegemisch in den kochenden Bratensatz einrühren. Aufkochen und etwas verkochen lassen. Den ausgetretenen Saft des Fleisches dazugeben. Mit Salz, Pfeffer und Zucker abschmecken. Das Fleisch auf dem Saucenspiegel anrichten. Dazu passen Bandnudeln.

Für 4 Portionen
grobes Meersalz
1 kg fest kochende kleine Kartoffeln
2 Zweige Rosmarin
4 Hähnchenschenkel
Pfeffer
2 Tl edelsüßes Paprikapulver
4 kleine Zucchini
1 große rote Paprikaschote
250 g Cocktailtomaten

Zubereitungszeit: ca. 20 Minuten
(plus ca. 55 Minuten Backzeit)
Pro Portion ca. 488 kcal/2043 kJ
36 g E, 18 g F, 43 g KH

Ofenhähnchen

1. Den Backofen auf 200 °C (Umluft 180 °C) vorheizen, das Backblech mit Backpapier auslegen und leicht mit grobem Meersalz bestreuen. Die Kartoffeln mit einer Gemüsebürste unter Wasser gründlich abschrubben. Anschließend aufs Blech legen, salzen und mit Rosmarinnadeln bestreuen.
2. Die Hähnchenschenkel waschen, trocken tupfen und im Gelenk teilen. 1 Tl Salz mit etwas Pfeffer und dem Paprikapulver vermischen und die Schenkel damit einreiben. Die Schenkel zwischen die Kartoffeln aufs Blech legen und alles etwa 45 Minuten backen.
3. In der Zwischenzeit das Gemüse waschen und putzen. Die Zucchini in längliche Streifen schneiden, die Paprikaschote halbieren, von Kernen befreien und ebenfalls in Streifen schneiden. Die Cocktailtomaten anpiksen, damit sie nicht zerplatzen.
4. Das vorbereitete Gemüse nach etwa 25 Minuten aufs Blech zu Kartoffeln und Hähnchen legen und mit dem Bratenfond bepinseln, der sich auf dem Backblech gebildet hat.

Für 20 Stücke
200 g Mehl
100 g Butter
Salz
500 g Brokkoli
1 El Öl
200 g gemischtes Hackfleisch
2 El Pinienkerne
200 ml Sahne
3 Eier
Pfeffer
gemahlene Muskatnuss
Fett für die Form

Zubereitungszeit: ca. 30 Minuten
(plus ca. 40 Minuten Ruhezeit
und ca. 40 Minuten Backzeit)
Pro Stück ca. 148 kcal/620 kJ
5 g E, 11 g F, 8 g KH

Brokkoli-Hack-Quiche

1. Aus Mehl, Butter, ½ Tl Salz und 2–3 El kaltem Wasser einen glatten Teig zubereiten, in Folie wickeln und 40 Minuten ruhen lassen.
2. Brokkoli putzen und in Röschen teilen. Die Stiele würfeln. Gemüse in kochendem Salzwasser etwa 2 Minuten blanchieren. Öl in einer Pfanne erhitzen und das Hackfleisch darin krümelig braten. Mit Salz und Pfeffer würzen. In einer zweiten Pfanne die Kerne ohne Fett rösten. Backofen auf 200 °C (Umluft 180 °C) vorheizen.
3. Teig ausrollen und eine gefettete Springform (28 cm ø) damit auslegen. Einen Rand hochziehen. Hackfleisch und Brokkoli auf dem Teig verteilen. Die Kerne darüberstreuen. Sahne mit Eiern verquirlen und mit den Gewürzen abschmecken. Über die Quiche geben und im Ofen etwa 40 Minuten backen.

Für 4 Portionen
4 Schalotten
2 Knoblauchzehen
2 Fenchelknollen
250 g Cocktailtomaten
2 El Olivenöl
6 Zweige Thymian
2 Lorbeerblätter
Salz
schwarzer Pfeffer
1 Lachsseite mit Haut (800 g)
1 Zitrone
Fett für die Form

Zubereitungszeit: ca. 20 Minuten
(plus ca. 25 Minuten Garzeit)
Pro Portion ca. 360 kcal/1507 kJ
40 g E, 18 g F, 9 g KH

Lachs mit Tomaten-Fenchel

1. Die Schalotten und den Knoblauch abziehen, die Schalotten in Achtel schneiden und den Knoblauch fein hacken. Den Fenchel ebenfalls waschen, die Stiele mit dem Grün wegschneiden. Die Knollen längs halbieren und den Strunk kegelförmig herausschneiden. Die Fenchelblätter in 1 cm dicke Streifen schneiden. Die Cocktailtomaten waschen, längs halbieren und die Stielansätze herausschneiden.
2. Den Backofen auf 200 °C (Umluft 180 °C) vorheizen. Das Olivenöl erhitzen, Schalotten und Fenchel darin ca. 2 Minuten dünsten. Inzwischen den Thymian waschen und trocken tupfen, die Blättchen von den Stängeln zupfen. Knoblauch, Thymian und Lorbeerblätter in die Pfanne geben und weitere 2 Minuten braten. Das Gemüse mit Salz und Pfeffer würzen.
3. Den Lachs unter kaltem Wasser abbrausen, trocken tupfen und dreimal quer ein-, aber nicht durchschneiden, dann mit der Hautseite nach unten auf ein gefettetes Blech oder in eine große Gratinform legen. Die Zitrone halbieren und auspressen. Den Lachs mit dem Zitronensaft beträufeln und mit Salz und Pfeffer kräftig würzen. Das Gemüse und die Cocktailtomaten auf dem Lachs verteilen. Alles im Ofen auf mittlerer Schiene etwa 20 Minuten garen. Den Lachs ohne Haut auf 4 Tellern portionieren und das Gemüse darum herum verteilen. Dazu passen Reis oder Baguette und ein Salat.

Für 2 Portionen
4 Schollenfilets à 70 g
Salz
weißer Pfeffer
1 El Zitronensaft
½ Zwiebel
150 ml Fischfond
25 g Butter
15 g Mehl
1 Bund Dill
1 kleines Eigelb
2 El Sahne
100 g gegarte Nordseekrabben

Zubereitungszeit: ca. 35 Minuten
Pro Portion ca. 375 kcal/1570 kJ
37 g E, 19 g F, 9 g KH

Schollenröllchen

1. Die Schollenfilets waschen und trocken tupfen. Salzen, pfeffern und mit Zitronensaft beträufeln. Die Filets mit der Innenseite nach außen aufrollen. Mit Holzspießchen feststecken.
2. Die halbe Zwiebel schälen und halbieren. Aus Fischfond und Zwiebel einen Sud kochen. Die Schollenröllchen darin 6–7 Minuten bei schwacher Hitze gar ziehen lassen, mit einem Schaumlöffel herausheben und mit Alufolie abgedeckt in einer Schüssel warm halten. Den Sud durch ein Sieb gießen.
3. Die Butter in einem Topf erhitzen. Das Mehl darin anschwitzen. Den Fischsud unter Rühren dazugießen und 5 Minuten kochen.
4. Inzwischen den Dill waschen, trocken tupfen und fein hacken. Eigelb und Sahne verrühren. Die Sauce damit legieren. Mit Dill, Salz und Pfeffer abschmecken.
5. Die Nordseekrabben waschen, trocken tupfen und zusammen mit den Schollenröllchen in die Sauce geben und darin erwärmen. Dazu schmecken Salzkartoffeln.

Für 4 Portionen
800 g Garnelen mit Schale und Kopf
1 Bund Frühlingszwiebeln
3 Knoblauchzehen
400 g Möhren
2 El Butter
2 El Mehl
100 ml trockener Weißwein
100 ml Gemüsebrühe
200 g Tiefkühl-Erbsen
1 Bund Dill
Salz
weißer Pfeffer
1 El Zitronensaft

Zubereitungszeit: ca. 25 Minuten
(plus ca. 25 Minuten Garzeit)
Pro Portion ca. 370 kcal/1549 kJ
46 g E, 8 g F, 21 g KH

Garnelenfrikassee

1. Die Garnelen abbrausen und trocken tupfen. Dann die Köpfe abdrehen. Dazu die Garnelen jeweils zwischen Daumen und Zeigefinger beider Hände nehmen und mit einer vorsichtigen Drehbewegung den Kopf ablösen. Danach den Panzer am Körper der Garnele vom Bauch her mit den Fingern aufbrechen und abziehen. Für das Lösen der Schwanzflosse mit Daumen und Zeigefinger das Körperende herausdrücken. Nun mit einem spitzen Messer den Rücken längs aufschneiden und den Darm entfernen.
2. Die Frühlingszwiebeln waschen, Wurzeln und das verwelkte Grün abtrennen und die Zwiebeln in hauchdünne Ringe schneiden. Den Knoblauch abziehen und in feine Scheiben schneiden. Die Möhren waschen, Wurzel- und Blattansätze wegschneiden und schälen. Die Möhren zuerst längs in Streifen schneiden, dann würfeln.
3. Die Butter in einer tiefen Pfanne zerlassen. Die Frühlingszwiebeln mit dem Knoblauch darin hellbraun anschwitzen. Dann das Mehl darüberstäuben und anschwitzen. Mit Weißwein und Gemüsebrühe ablöschen. Dabei ständig rühren, damit sich keine Klümpchen bilden. Nun das Gemüse zufügen und zugedeckt 15 Minuten auf kleiner Flamme köcheln lassen. Dann die Garnelen in die Sauce legen und ca. 5 Minuten lang garen.
4. Inzwischen den Dill waschen und trocken tupfen. Die Blättchen von den Stielen zupfen und fein hacken. Das Frikassee mit Dill, Salz, Pfeffer und einem Schuss Zitronensaft abschmecken. Dazu schmecken Kartoffeln oder Weißbrot.

Für 4 Portionen

Für die Sauce:
1 Zwiebel
1 Tl Öl
200 ml Orangensaft
200 ml Wermut
200 ml Fischfond
200 ml Sahne
1 Tl Speisestärke
Salz
schwarzer Pfeffer
Cayennepfeffer

Für den Spinat:
1 Zwiebel
1 Tl Öl
300 g Tiefkühl-Blattspinat
Salz, Pfeffer
frisch geriebene Muskatnuss

Für den Lachs:
600 g Lachsfilet ohne Haut
Salz
schwarzer Pfeffer
1 El Olivenöl
8 Scheiben von 1 unbehandelten Orange

Zubereitungszeit: ca. 20 Minuten
(plus ca. 15 Minuten Garzeit)
Pro Portion ca. 450 kcal/1884 kJ
20 g E, 10 g F, 6 g KH

Orangenlachs auf Spinat

1. Für die Sauce die Zwiebel schälen, würfeln und im Öl glasig dünsten. Den Orangensaft dazugeben und auf die Hälfte einkochen lassen. Den Wermut und den Fischfond zugeben, nochmals auf die Hälfte einkochen lassen. Die Sahne dazugeben, aufkochen. Die Stärke mit etwas kaltem Wasser anrühren, die Sauce damit binden und mit Salz, Pfeffer und Cayennepfeffer würzen.
2. Den Backofen auf 120 °C (Umluft 100 °C) vorheizen. Für den Spinat die Zwiebel schälen, würfeln und im Öl glasig dünsten. Den Spinat und 50 ml Wasser dazugeben. Zugedeckt bei milder Hitze auftauen lassen. Mit Salz, Pfeffer und Muskat abschmecken.
3. Für den Lachs die Filets salzen, pfeffern und im Olivenöl von jeder Seite 1 Minute braten. Eine flache Form mit 4 Orangenscheiben auslegen. Die Lachsstücke darauflegen und mit je 1 Orangenscheibe bedecken. Den Lachs im Ofen ca. 10 Minuten garziehen lassen. Mit Spinat und Sauce servieren. Dazu passen Bandnudeln oder Reis.

Für 4 Portionen
4 Seelachsfilets (à 150 g)
Salz
schwarzer Pfeffer
30 g Mehl
2 Eier
80 g Paniermehl
2 El Sonnenblumenöl
20 g Butter
1 Zitrone

Zubereitungszeit: ca. 20 Minuten
Pro Portion ca. 370 kcal/1549 kJ
38 g E, 14 g F, 21 g KH

Seelachsschnitzel

1. Die Seelachsfilets unter kaltem Wasser abbrausen und trocken tupfen, salzen und pfeffern. Das Mehl auf einen flachen Teller geben, die Eier mit einer Gabel in einem tiefen Teller verschlagen. Das Paniermehl auf einen dritten Teller geben.
2. Die Fischfilets zuerst im Mehl wenden, loses Mehl abklopfen, danach durch die verquirlte Eiermasse ziehen und zum Schluss im Paniermehl wenden.
3. Das Öl zusammen mit der Butter in einer beschichteten Pfanne erhitzen, die panierten Fischfilets von jeder Seite ca. 3 Minuten braten.
4. Die Zitrone waschen, trocken reiben und in Achtel schneiden. Die Fischfilets mit je 2 Zitronenachteln auf Tellern anrichten. Dazu passen Salzkartoffeln mit Petersiliensauce oder Kartoffelsalat.

Für 4 Portionen
400 g Pangasiusfilet
Salz
2 El Zitronensaft
40 g Kokosflocken
½ Tl Chiliflocken
1 Stück Ingwer (ca. 2 cm)
400 g Möhren
1 Bund Frühlingszwiebeln
300 g Mungobohnensprossen
4 El Rapsöl
4 Tl Sesamsamen
¼ El China-Fünf-Gewürz-Mischung
4 Zweige Koriander
2 El Sojasauce

Zubereitungszeit: ca. 35 Minuten
(plus ca. 20 Minuten Garzeit)
Pro Portion ca. 330 kcal/1382 kJ
24 g E, 20 g F, 12 g KH

Pangasiusfilet Asia-Style

1. Das Pangasiusfilet unter fließendem Wasser waschen und trocken tupfen. Mit Salz würzen und mit Zitronensaft beträufeln. Das Fischfilet in Würfel schneiden. Kokosflocken und Chiliflocken in einem tiefen Teller vermengen. Die Fischwürfel darin wälzen.
2. Den Ingwer schälen und fein hacken. Die Möhren waschen, putzen, schälen und in dünne Stifte schneiden. Die Frühlingszwiebeln waschen, putzen und schräg in etwa 2 cm große Stücke schneiden. Die Mungobohnensprossen in ein Sieb geben und waschen.
3. 2 El Öl in einer beschichteten Pfanne erhitzen. Möhren, Frühlingszwiebeln und Sprossen tropfnass in die Pfanne geben. Die Sesamsamen unterrühren. Mit Ingwer, Salz und Fünf-Gewürz-Mischung würzen. Alles bei reduzierter Temperatur und geschlossenem Deckel etwa 10 bis 15 Minuten dünsten. Dann herausnehmen und warm stellen.
4. Nun das restliche Öl in die Pfanne geben und die Fischwürfel von allen Seiten in etwa 5 Minuten knusprig braten. Inzwischen den Koriander waschen und trocken tupfen, die Blätter von den Stielen zupfen und fein hacken. Zum Schluss den Fisch mit dem Gemüse auf 4 Tellern anrichten, mit Sojasauce beträufeln und mit Koriander bestreuen. Dazu passt Reis.

Gemüse & Co.

Für 4 Portionen
800 g Zucchini
800 g Kartoffeln
2 Zwiebeln
3 Stangen Staudensellerie
2 El Butter
500 ml milde Gemüsebrühe
100 ml trockener Weißwein
Salz
schwarzer Pfeffer
1 Bund Thymian
100 g Schmand
1 El Meerrettich
1 El Senf
geriebene Muskatnuss

Zubereitungszeit: ca. 35 Minuten
(plus ca. 25 Minuten Garzeit)
Pro Portion ca. 310 kcal/1298 kJ
10 g E, 11 g F, 38 g KH

Zucchini-Kartoffel-Gulasch

1. Die Zucchini waschen, Stiel- und Blütenansätze entfernen. Die Kartoffeln schälen und waschen. Zucchini und Kartoffeln in 2 cm große Würfel schneiden. Die Zwiebeln abziehen und grob hacken. Die Selleriestangen von Blättern befreien, waschen und fein würfeln.
2. Die Butter in einem Topf erhitzen, Kartoffeln, Gemüse und Zwiebeln darin andünsten. Brühe und Wein angießen, mit Salz und Pfeffer würzen und alles zugedeckt ca. 25 Minuten köcheln lassen.
3. Inzwischen den Thymian waschen und trocken tupfen. Einige Stängel zum Garnieren beiseitelegen, vom Rest die Blättchen abzupfen und hacken. Schmand, Meerrettich und Senf verrühren.
4. Nach Ablauf der Garzeit den gehackten Thymian in das Gemüsegulasch rühren, mit Salz, Pfeffer und Muskat abschmecken. Gulasch in tiefen Tellern anrichten, jeweils 1 Klecks Senfcreme daraufgeben und mit Thymian garniert servieren.

Für 4 Portionen
400 g Auberginen
400 g grüne Paprika
200 g Zwiebeln
250 g aromatische Tomaten
200 g Zucchini
2–3 Knoblauchzehen
3–4 El Olivenöl
Salz
schwarzer Pfeffer
Gemüsebrühe
100 g passierte Tomaten
50 g Kapern
100 g Oliven
1 El gehackter Dill
1 Tl Kräuter der Provence

Zubereitungszeit: ca. 20 Minuten
(plus ca. 20 Minuten Garzeit)
Pro Portion ca. 160 kcal/670 kJ
6 g E, 4 g F, 13 g KH

Caponata

1. Auberginen und Paprika waschen. Von den Auberginen die Enden abschneiden. Paprika halbieren, Trennhäute herausschneiden und entkernen. Auberginen und Paprika in Würfel schneiden.
2. Zwiebeln schälen und fein würfeln. Tomaten mit heißem Wasser überbrühen, kurz in kaltem Wasser abschrecken und die Haut abziehen. Tomaten halbieren, Stängelansätze entfernen, Tomaten in kleine Stücke schneiden. Von den Zucchini die Enden abschneiden und die Zucchini in dünne Scheiben schneiden. Knoblauch abziehen und fein hacken.
3. Olivenöl in einer Pfanne erhitzen und Auberginen, Paprika, Tomaten, Zucchini, Zwiebeln und Knoblauch darin unter Rühren anbraten. Mit Salz und Pfeffer würzen. Zugedeckt bei schwacher Hitze in 10–15 Minuten gar köcheln. Evtl. etwas Gemüsebrühe zugießen.
4. Passierte Tomaten, Kapern, Oliven und Kräuter unterrühren und weitere 5 Minuten köcheln. Kalt oder heiß mit Baguette servieren.

Für 4 Portionen
800 g Zucchini
4 El Olivenöl
4 Zweige Thymian
Salz
schwarzer Pfeffer
4 El Pinienkerne
20 g Parmesan

Zubereitungszeit: ca. 20 Minuten
(plus ca. 15 Minuten Backzeit)
Pro Portion ca. 180 kcal/754 kJ
6 g E, 15 g F, 4 g KH

Ofenzucchini

1. Den Backofen auf 200 °C (Umluft 180 °C) vorheizen. Die Zucchini waschen, Stiel- und Blütenansätze entfernen. Die Zucchini in ca. ½ cm dicke längliche Scheiben schneiden.
2. Die Zucchinischeiben mit Olivenöl bepinseln und auf ein Backblech legen. Den Thymian waschen und trocken tupfen. Die Blättchen von den Stielen zupfen. Die Zucchini mit Salz und Pfeffer würzen und mit dem Thymian bestreuen. Auf der oberen Schiene im Backofen ca. 15 Minuten backen.
3. Inzwischen die Pinienkerne in einer beschichteten Pfanne ohne Zugabe von Fett rösten. Dann auf einen Teller geben und abkühlen lassen. Den Parmesan hobeln. Die Ofenzucchini mit dem restlichen Öl in einer geschlossenen Schale auskühlen lassen. Dann auf einer Platte mit den Pinienkernen und den Parmesanhobeln bestreut anrichten.

Für 4 Portionen
3 Eier
¼ l Milch
125 g Weizenmehl
Salz
½ Bund Frühlingszwiebeln
1 Birne
200 g Camembert
50 g gehackte Walnüsse
2 El Himbeeressig
3 El Butterschmalz zum Backen

Zubereitungszeit: ca. 40 Minuten
Pro Portion ca. 243 kcal/1017 kJ
10 g E, 14 g F, 14 g KH

Gefüllte Käsecrêpes

1. Eier, Milch, Mehl und 1 Prise Salz glatt rühren, ca. 30 Minuten quellen lassen. Für die Füllung Frühlingszwiebeln putzen, waschen und in Ringe schneiden. Die Birne schälen und in Würfel schneiden. Den Camembert in dicke Scheiben und dann in Streifen schneiden. Mit den gehackten Walnüssen und dem Himbeeressig vermischen.
2. Das Butterschmalz in einer Pfanne erhitzen und aus dem Teig portionsweise 8 Crêpes ausbacken. Herausnehmen und abkühlen lassen. Die Käsemischung auf den Crêpes verteilen und diese zu einem Dreieck zusammenklappen.

Für 4 Portionen
800 g neue Kartoffeln
je 1 rote, gelbe und grüne Paprikaschote
1 Stange Staudensellerie
1 Bund Frühlingszwiebeln
4 El Rapsöl
200 ml Gemüsebrühe
Salz
schwarzer Pfeffer
1 El Kapern
1 Bund Basilikum
125 g Mozzarella

Zubereitungszeit: ca. 15 Minuten
(plus ca. 20 Minuten Garzeit)
Pro Portion ca. 370 kcal/1549 kJ
13 g E, 17 g F, 39 g KH

Ofengemüse

1. Die Kartoffeln gründlich waschen und mit Schale in ca. 15 Minuten nicht zu weich kochen. Dann abgießen und abkühlen lassen. Den Backofen auf 180 °C (Umluft 160 °C) vorheizen.
2. Inzwischen die Paprika waschen, halbieren, Stielansätze herausschneiden, Trennwände und Kerne herauslösen und das Fruchtfleisch in Streifen schneiden. Den Sellerie waschen, trocken tupfen und in 1 cm dicke Scheiben schneiden. Die Frühlingszwiebeln waschen, Wurzeln und das verwelkte äußere Grün abtrennen und in hauchdünne Ringe schneiden. Die Kartoffeln eventuell pellen (wenn die Schale sehr dünn ist, ist das nicht nötig), dann in 1 cm dicke Scheiben schneiden.
3. Das Öl auf einem Backblech verstreichen, Paprika, Kartoffeln, Sellerie und Frühlingszwiebeln darauf verteilen. Die Brühe angießen. Das Gemüse salzen und pfeffern und im Ofen auf der mittleren Schiene ca. 20 Minuten garen.
4. Die Kapern abtropfen lassen. Das Basilikum waschen und trocken tupfen. Die Blättchen von den Stielen zupfen und in feine Streifen schneiden. Mozzarella abtropfen lassen, würfeln, mit Kapern und Basilikum vermischen. 5 Minuten vor Ende der Garzeit über das Gemüse geben und überbacken. Das Kartoffelgemüse auf 4 Teller verteilen und dazu Baguette oder Fladenbrot reichen.

Für 4 Portionen
600 g gelbe Paprikaschoten
2 Zwiebeln
50 g Butter
100 ml Gemüsebrühe
1 kleine rote Chilischote
Meersalz
frisch gemahlener Pfeffer
Saft und Schale von 1 unbehandelten Limette
400 g Lammfilet
400 g Spaghetti
2 Fleischtomaten

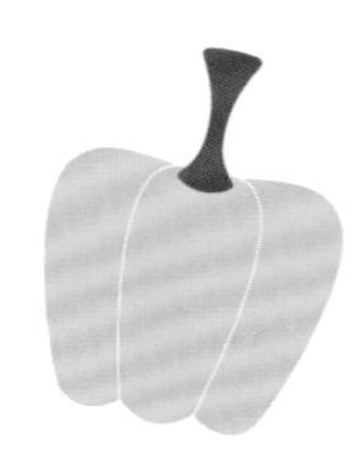

Zubereitungszeit: ca. 35 Minuten
Pro Portion ca. 400 kcal/1675 kJ
26 g E, 16 g F, 31 g KH

Spaghetti mit Lamm

1. Die Paprikaschoten mit dem Sparschäler schälen, halbieren, entkernen und in Stücke schneiden. Die Zwiebeln schälen und würfeln. Die Hälfte der Butter in einem Topf erhitzen und die Paprikastücke und Zwiebelwürfel darin andünsten. Die Brühe zugießen und alles im geschlossenen Topf 5 Minuten köcheln lassen.
2. Chilischote aufschlitzen, die Kerne entfernen und die Schote in feine Streifen schneiden (am besten mit Küchenhandschuhen). Paprikastücke und Zwiebelwürfel aus dem Topf nehmen, etwas abkühlen lassen und mit dem Stabmixer pürieren. Chili zugeben und mit Salz, Pfeffer und Limettensaft abschmecken.
3. Das Fleisch trocken tupfen und in Streifen schneiden. In der restlichen Butter anbraten und mit Salz und Pfeffer würzen.
4. Die Spaghetti in reichlich Salzwasser al dente kochen. Die Tomaten kurz mit ins Nudelwasser geben, herausnehmen, kalt abspülen und häuten. Fruchtfleisch in kleine Würfel schneiden. Die Tomatenwürfel und die abgeriebene Limettenschale unter die Paprikasauce rühren.
5. Die Pasta abgießen, etwas von dem Nudelwasser aufheben. Die Pasta mit der Sauce und dem Fleisch mischen, eventuell etwas von dem Nudelwasser unterrühren.

Für 15 Mini-Pizzen
250 g Mehl
21 g Hefe
Zucker
Salz
1 ½ El Olivenöl
2 El Ahornsirup
8 El Aceto balsamico
Pfeffer
800 g Spargel
20 g Butter
75 g passierte Tomaten
1 El Tomatenmark
200 g Ziegenkäserolle
2 Tl brauner Zucker

Zubereitungszeit: ca. 40 Minuten
(plus ca. 1 Stunde Zeit zum Gehen
und ca. 20 Minuten Backzeit)
Pro Stück ca. 138 kcal/578 kJ
3 g E, 6 g F, 16 g KH

Spargel-Ziegenkäse-Pizza

1. Aus Mehl, Hefe, 4 El lauwarmem Wasser und ½ Tl Zucker einen dickflüssigen Hefe-Vorteig zubereiten und an einem warmen Ort ca. 20 Minuten gehen lassen. 1 Tl Salz, 1 El Öl und 100 ml lauwarmes Wasser zum Vorteig geben und mit dem Handrührgerät verkneten. Anschließend mit den Händen zu einem glatten Teig verarbeiten. Den Teig mit dem restlichen Öl bestreichen und an einem warmen Ort ca. 1 Stunde erneut gehen lassen.
2. Sirup und Aceto balsamico verrühren, aufkochen und etwa 5 Minuten dickflüssig einkochen lassen. Mit Salz und Pfeffer abschmecken. Den Spargel schälen und in Stücke schneiden. Etwa 3 Minuten in siedendem Salzwasser mit einem Stich Butter und 1 Prise Zucker garen lassen. Anschließend kalt abspülen und gut abtropfen lassen. Passierte Tomaten mit dem Tomatenmark verrühren und mit Salz und Pfeffer abschmecken. Den Backofen auf 220 °C (Umluft 200°C) vorheizen. Den Käse in Scheiben schneiden.
3. Den Hefeteig nochmals kräftig durchkneten, in 15 Portionen teilen, zu etwa handtellergroßen Pizzafladen formen und auf mit Backpapier ausgelegte Backbleche legen. Tomatencreme, Käse und Spargelstücke auf die Pizzen geben. Den braunen Zucker, etwas Pfeffer und die restliche Butter in Flöckchen auf die Pizzen geben und im Ofen 15–20 Minuten backen. Die noch heißen Pizzen mit dem Sirup beträufeln und sofort servieren.

Für 4 Portionen
400 g Rucola
4 kleine Zwiebeln
2 Knoblauchzehen
300 g Tiefseegarnelen
800 ml Gemüsebrühe
4 El Olivenöl
300 g Risottoreis
200 ml Weißwein
Salz
Pfeffer

Zubereitungszeit: ca. 25 Minuten
(plus ca. 20 Minuten Garzeit)
Pro Portion ca. 516 kcal/2160 kJ
24 g E, 12 g F, 72 g KH

Risotto mit Garnelen

1. Rucola waschen, trocken schütteln und hacken. Zwiebeln schälen und fein würfeln. Knoblauch schälen und fein hacken. Garnelen waschen und trocken tupfen. Gemüsebrühe erhitzen.
2. 2 El Öl in einem Topf erhitzen. Zwiebeln, Knoblauch und die Hälfte des Rucola dazugeben und kurz dünsten. Den Reis zugeben und 2 Minuten mitdünsten. Mit Weißwein ablöschen und einkochen lassen. 400 ml heiße Brühe dazugeben und die Hitze reduzieren. Das Risotto gelegentlich umrühren. Nach ca. 8 Minuten die restliche Brühe dazugießen und weiterköcheln, bis der Reis weich ist. Dabei gelegentlich umrühren. Salzen und pfeffern. Den restlichen Rucola dazugeben.
3. Restliches Öl in einer Pfanne erhitzen. Die Garnelen hinzugeben und 2 Minuten bei starker Hitze braten. Mit Salz und Pfeffer abschmecken. Risotto mit den Garnelen anrichten.

Für 4 Portionen
250 g Reisvermicelli
2 rote Paprika
2 gelbe Paprika
6 Zweige Koriander
4 El Pflanzenöl
4 El Fischsauce
2 El Honig
2 El weißer Reisessig

Zubereitungszeit: ca. 25 Minuten
Pro Portion ca. 342 kcal/1432 kJ
6 g E, 11 g F, 55 g KH

Vermicelli mit Paprika

1. Reisvermicelli nach Packungsanweisung kochen, abgießen, abschrecken und in einem Sieb abtropfen lassen.
2. Die Paprika putzen, waschen, entkernen und in Würfel schneiden. Koriander waschen, trocken tupfen und Blättchen abzupfen.
3. Öl im Wok erhitzen, die Paprikawürfel darin mit den Korianderblättern kurz und scharf anbraten. Nicht zu lange garen, die Paprika sollten noch Biss haben.
4. Die gekochten Reisvermicelli dazugeben, mit der Fischsauce, dem Honig und dem Reisessig ablöschen, nur kurz durchschwenken und sofort anrichten.

Desserts & Süßes

Für 4 Portionen
4–6 Mandarinen
110 g Zucker
1 El Orangenlikör
4 Eigelb
250 ml fettarme Milch

Zubereitungszeit: ca. 35 Minuten
(plus ca. 40 Minuten Backzeit)
Pro Portion ca. 265 kcal/1110 kJ
6 g E, 9 g F, 37 g KH

Crème Caramel

1. Die Mandarinen schälen, die weißen Häutchen entfernen, die Filets herauslösen und den Saft dabei auffangen. 45 g Zucker mit 3 El Wasser, dem Orangenlikör und dem Mandarinensaft erhitzen und unter Rühren karamellisieren lassen. Auf 4 Förmchen verteilen.
2. Den restlichen Zucker mit dem Eigelb und der Milch schaumig schlagen und in die Förmchen füllen. Ein tiefes Backblech mit heißem Wasser füllen, die Förmchen hineinsetzen und im Ofen bei 220 °C (Umluft 200 °C) etwa 40 Minuten stocken lassen. Die heiße Creme sofort auf Teller stürzen und mit Mandarinenfilets garniert servieren.

Für 4 Portionen
2 Papayas
8 große Kugeln Vanilleeis
8 El Cassislikör oder nichtalkoholischen Cassissirup
Zitronenmelisse zum Dekorieren

Zubereitungszeit: ca. 10 Minuten (plus ca. 20 Minuten Gefrierzeit)
Pro Portion ca. 164 kcal/687 kJ
2 g E, 1 g F, 31 g KH

Papayacreme

1. Die Papaya waschen, schälen, Kerne entfernen und das Fruchtfleisch in grobe Stücke schneiden. Fruchtfleisch in einen Gefrierbeutel geben und 20 Minuten lang ins Eisfach legen.
2. Anschließend Fruchtfleisch in den Mixer geben und mit dem Eis ca. 1 Minute lang mixen. In vier breite Kelche oder offene Schalen füllen. Likör oder Sirup kreisförmig darübergießen, mit der Zitronenmelisse dekorieren und sofort servieren.

Für 4 Portionen
20 g Butter
4 El Haferflocken
2 El Zucker
2 Orangen
2 Bananen
2 Äpfel
100 g frische Datteln
250 g Joghurt
Zimt

Zubereitungszeit: ca. 30 Minuten
Pro Portion ca. 300 kcal/1256 kJ
5 g E, 7 g F, 52 g KH

Müsli-Obst-Salat

1. Die Butter in einer Pfanne schmelzen lassen. Die Haferflocken und den Zucker hinzufügen und das Ganze unter Rühren ca. 5 Minuten rösten und karamellisieren lassen. Dann auf einen Teller geben und auskühlen lassen.
2. Die Orangen waschen, trocknen und schälen. Zuerst die Schale am Blüten- und Stielansatz wegschneiden. Dann die Orangen auf ein Brett stellen und die Schale seitlich so abschneiden, dass die weiße Haut ebenfalls entfernt wird. Die Fruchtfilets mit einem scharfen Messer aus den weißen Trennhäuten schneiden. Den dabei austretenden Saft auffangen.
3. Die Bananen schälen und in Scheiben schneiden. Die Äpfel waschen, trocken reiben, vierteln, Kerngehäuse, Blüten- und Stielansätze entfernen und in kleine Würfel schneiden. Die Datteln längs halbieren, den Kern entfernen und in Streifen schneiden.
4. Orangen mit dem Saft, Bananenscheiben, Apfelwürfeln und Dattelstreifen mischen und auf 4 Schälchen verteilen. Den Joghurt über den Obstsalat geben, die gerösteten Haferflocken darüber verteilen und alles mit Zimt bestäuben.

Für 12 Stück
350 g Rhabarber
abgeriebene Schale von
½ unbehandelten Zitrone
1 Vanilleschote
3 Eier
Salz
120 g Zucker
1 Päckchen Vanillepuddingpulver
2 Tl Backpulver
40 g Grieß
500 g Quark (20 %)
Butter und Grieß für
die Förmchen
Puderzucker zum Bestäuben

Zubereitungszeit: ca. 30 Minuten
(plus ca. 35 Minuten Backzeit und
ca. 30 Minuten Zeit zum Abkühlen)
Pro Stück ca. 142 kcal/595 kJ
8 g E, 4 g F, 18 g KH

Rhabarbertörtchen

1. 12 Muffinförmchen mit Butter einfetten und mit Grieß ausstreuen. Den Backofen auf 180 °C (Umluft 160 °C) vorheizen.
2. Den Rhabarber waschen, trocknen, putzen und in kleine Stücke schneiden. Mit der Zitronenschale mischen. Die Vanilleschote aufschneiden, das Mark herauskratzen.
3. Die Eier trennen. Eiweiß mit 1 Prise Salz steif schlagen und kühl stellen. Eigelb mit 3 El Wasser, dem Zucker und dem Vanillemark zu einer hellgelben Creme aufschlagen. Dann Vanillepuddingpulver mit Backpulver und Grieß mischen, unterrühren, dann den Quark dazugeben.
4. Rhabarber unterrühren, dann in zwei Portionen Eischnee unterheben. Auf die Förmchen verteilen und im Ofen ca. 35 Minuten backen. In den Förmchen auskühlen lassen und mit Puderzucker bestäubt servieren.

Für 4 Portionen
½ unbehandelte Zitrone
100 ml Sahne
150 ml Buttermilch
2 El Zucker
1 El Cachaça
(brasilianischer Zuckerrohrschnaps)
10 g Gelatine (ohne Kochen)
100 g Blaubeeren
100 g Himbeeren
100 g Erdbeeren
Kakaopulver und Puderzucker zum Garnieren

Zubereitungszeit: ca. 15 Minuten
(plus ca. 2 Stunden Kühlzeit)
Pro Portion ca. 180 kcal/754 kJ
5 g E, 8 g F, 21 g KH

Buttermilchcreme

1. Die Zitrone auspressen und die Schale abreiben. Die Sahne steif schlagen. Die Buttermilch mit dem Zitronensaft und der -schale, Zucker und Cachaça verrühren und das Gelatinepulver mit den Schneebesen eines Handrührgerätes unter die Buttermilch schlagen. Sofort mit einem Kochlöffel die Sahne unterheben. 4 kleine Förmchen oder Teetassen mit kaltem Wasser ausspülen und die Creme hineinfüllen. Die Förmchen abgedeckt mindestens 2 Stunden im Kühlschrank kalt stellen.
2. Die Blaubeeren kurz waschen und abtropfen lassen. Eventuell vorhandene Stiele entfernen. Die Himbeeren nicht waschen, sondern nur vorhandene Stiele herauszupfen. Erdbeeren kurz waschen und gut abtropfen lassen. 4 schöne Erdbeeren beiseitelegen, bei den restlichen Früchten das Grün herausschneiden. Die Erdbeeren längs halbieren.
3. Die Buttermilchcreme auf Dessertteller stürzen. Dafür die Förmchen für wenige Sekunden in heißes Wasser tauchen und dann kopfüber auf die Teller stellen. Die Beeren um die Buttermilchcreme verteilen. Mit etwas Kakaopulver und/oder Puderzucker bestäuben.

Für 4 Portionen
250 g Erdbeeren
2 Nektarinen
1 unbehandelte Orange
4 El Ahornsirup
40 g Pinienkerne
150 g Naturjoghurt

Zubereitungszeit: ca. 20 Minuten
(plus ca. 1 Stunde Marinierzeit)
Pro Portion ca. 180 kcal/754 kJ
5 g E, 7 g F, 23 g KH

Erdbeer-Nektarinen-Salat

1. Die Erdbeeren kurz waschen und gut abtropfen lassen. 4 schöne Erdbeeren für die Dekoration beiseitelegen, bei den restlichen Früchten das Grün herausschneiden. Die Erdbeeren längs halbieren. Die Nektarinen waschen, trocken reiben und das Fruchtfleisch würfeln.
2. Die Orange heiß abwaschen und abtrocknen. Die Schale fein abreiben und den Saft auspressen. Beides mit 2 El Ahornsirup verquirlen und über die Erdbeeren und Nektarinen träufeln. Die Früchte zugedeckt etwa 1 Stunde im Kühlschrank marinieren.
3. Die Pinienkerne in einer beschichteten Pfanne ohne Zugabe von Fett goldbraun rösten. Bis auf 1 El die restlichen Kerne mit dem Joghurt in ein hohes Gefäß geben und pürieren. Mit dem restlichen Ahornsirup süß abschmecken.
4. Die Pinienkernsauce über den Erdbeer-Nektarinen-Salat geben. Die beiseitegelegten Erdbeeren in die Mitte setzen. Mit den restlichen Pinienkernen bestreuen.

Für 12 Stücke
Für den Teig:
3 Eier
115 g Butter
135 g Zucker
1 Prise Salz
135 g Mehl
200 ml frische Vollmilch

Für den Belag:
250 g frische Mirabellen
2 El gemahlene Mandeln
250 g frische Aprikosen

Außerdem:
Butter und gehackte Mandeln für die Form

Zubereitungszeit: ca. 40 Minuten (plus ca. 35 Minuten Backzeit)
Pro Stück ca. 210 kcal/879 kJ
4 g E, 10 g F, 25 g KH

Clafoutis

1. Die Mirabellen für den Belag waschen, halbieren, entsteinen und in den Mandeln wälzen. Die Aprikosen waschen, entsteinen und in Spalten schneiden. Den Backofen auf 175 °C (Umluft 150 °C) vorheizen. Eine Quicheform (26 cm Ø) einfetten und mit gehackten Mandeln ausstreuen. Das Obst in der Form verteilen.
2. Für den Teig die Eier trennen und das Eiweiß steif schlagen. Bis zur weiteren Verwendung kalt stellen. Die Butter in einem flachen Topf schmelzen und etwas abkühlen lassen. Eigelb mit Zucker und Salz cremig rühren. Das Mehl unterrühren, anschließend die flüssige Butter und die Milch einrühren. Eischnee daraufgeben und unterheben. Den Teig über das Obst gießen und den Kuchen auf der mittleren Schiene ca. 35 Minuten backen.

Rezeptverzeichnis